ネットで見たけど これってホント？

② 食のメディアリテラシー

北折 一 著

へ〜！新発見なんだ！

えーなんかこわい！

少年写真新聞社

はじめに

北折 一

ホントに便利な時代ですよね！

知りたいことがあった時、昔だったら図書館に行って本を探して、見つからなければ別の図書館に出かけて行ってもっと探したり、専門家に連絡して聞いたりしていましたが、今ならインターネットが0コンマ何秒かで教えてくれます。しかも、ラインやフェイスブックその他のSNS*の発達で、知りたいと思っていなかった情報まで飛びこんでくるようになりました。

電子レンジで温めたものは体に悪いのかな？

電子レンジ　危険

"すると！　いかにも真実かのような情報に
出会ってしまい、信じこんでしまう
可能性が、ネットの世界では
ぐんぐん高まってきたのも事実です"

がんになるっていう
証拠はないのか

「とりすぎは体に悪い」とわかっている食べ物が、「少しでも食べると病気になる」と書かれていることがあります。逆に、余分にとれば太るのに、「ダイエット効果がある」と書かれていることもあります。それって、どうしてなんでしょう!?

*SNSとは、ラインやツイッターなど、インターネット上でさまざまな人と交流する場を提供するサービスのこと。

"ネットの情報は、新聞やテレビなどのマスコミとはちがって、だれでも自由に発信できます"

マスコミとネットのちがい

マスコミの場合は、「まちがってまではいないけれども言いすぎな情報」はあっても、まったくのまちがいや悪意のある情報は、そうそう簡単には流れないようになっています。訂正やおわびをすることがなるべく起こらないようにしているからです。

まちがっていました。正しくは・・・・・ということでした

うそだけどネットにのせちゃおう

でも、ネットの場合は、自分が勝手に正しいと信じこんだ情報を、そのまま広めてしまったりする人も多いのです。なかでも、SNSで親しい友人や信頼できる人が「シェア（ほかの人が書いた文を自分の情報として紹介）」していたり、「いいね！」をおしたりしている情報は、ついつい信じたり、「おつき合い」で自分も「いいね！」をおして、その意見に同調している人数を増やすのに加担したりしがちです。

"そうなってくると、ますます何を信じたらいいかわからなくなりそうですね"

そこで!! この本では、ネット上でよく見かける、「これって本当なのかなー!?」と思っちゃうような情報を集めて、みなさんがどう考えればよいのかをガイドしていきます。

第2巻では、「こげたものを食べるとがんになっちゃう？」、「魚をたくさん食べると頭がよくなる？」など、大人でも気になっちゃう『食』の情報を取り上げます。

本当に本当なのは、ホント、どっちなのかな〜!?!? …と、少しだけ疑って見てみると、「みなさんの生活をよりよくする情報」を、しっかり見分けることができるようになるはずです。

ネットで見たけど これってホント？
❷ 食のメディアリテラシー

もくじ

- はじめに ………………………………………………………………………… 2
- この本の使い方 ………………………………………………………………… 5
- スイカと天ぷらはいっしょに食べてはいけない？ …………………………… 7
- 有機栽培野菜は栄養がたっぷりでおいしい？ ………………………………… 11
- オリーブオイルを使うとダイエットできる？ ………………………………… 15
- こげたものを食べるとがんになっちゃう？ …………………………………… 19
- トクホのお茶を飲むとやせられる？ …………………………………………… 21
- 牛乳は体に悪い？ ………………………………………………………………… 25
- ヨーグルトは加熱して食べても、効果が落ちない？ ………………………… 33
- カビの生えたパンは、カビさえとれば食べていい？ ………………………… 37
- 【知っておきたいネットのこと】あやしい食品広告の見分け方のコツ ……… 41
- 電子レンジで温めたものを食べるとがんになる？ …………………………… 43
- 砂糖をとるのをやめるとキレなくなる？ ……………………………………… 47
- 魚をたくさん食べると頭がよくなる？ ………………………………………… 53
- ショウガで体温を上げると病気にならない？ ………………………………… 57
- さくいん ………………………………………………………………………… 61
- おわりに ………………………………………………………………………… 62

【おとなの皆さまへ】

　本書で取り上げる内容については、「科学的視点」からは、「どちらとも言えない」としか言いようのないものが多くふくまれています。たくさんの研究者が実験や測定をすると、正反対の結果が出ることもあるからです。また、ヒトの体の反応などは実験を行うことができない場合が多く、動物実験や疫学調査など、他の方法で得られたデータから推測するしかないケースも多くあります。情報発信者それぞれの立場で言い分があるのも理解でき、シロクロを示すことが不可能なものも存在します。もちろん、時間がたてば研究が進み、真偽が逆転することもたくさんあります。

　本書は、「これってホント？」というスタイルを取っていますが、必ずしもそれらについて「正しいか正しくないかで区別する」のではなく、「どう考えるか」の問題として、考え方の道筋を示すように構成しています。

　「伝え手の意図」が混入していない情報は、この世にはひとつも存在しません。ネット時代、ありとあらゆる情報が、どこの誰かがわからない人たちのさまざまな思惑で、発信されまくるようになりました。いい加減な情報に安易にとびつかないためにも、成長段階にある子どもたちには、「多面的にものごとをとらえる練習」が必要です。本書がその一助になれば、と切に願っております。

　「子ども向け」であるため、提示する情報をしぼり、必ずしも議論の材料が網羅されているわけではないことを、あらかじめお断り申し上げます。

この本の使い方

こちらはリテラくん！ネット情報の読み方を教えてくれるよ！

どうも!!

リテラとは、リテラシーの略だ。リテラシーというのは、あたえられた情報を活用する能力のことをいうよ。
情報の読み取り方を考えていけるようになろうね！

はじめのページ

ネットで見かけたある情報に対して、その意見を信じる子と疑っている子のふたりが、おたがいにどう考えているのかを伝え合う。

ふたりの意見を聞いたうえで、リテラくんが、この情報に向き合う時のポイントを教えてくれる。

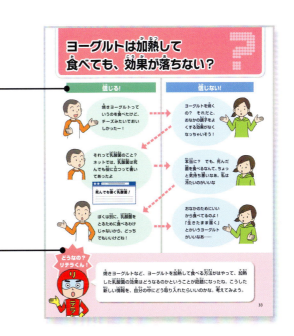

まん中のページ

文章や図などで、この情報のくわしい説明や正しい内容を理解することができる。

リテラくんが新たな視点や考え方などを示してくれる。

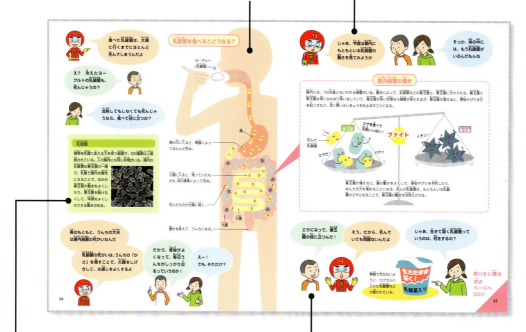

ほかの情報と比べてみたり、実験をしたりすることで、情報の科学的な根きょなどを調べていく。

会話を追って読んでいくことで、情報に対してどう疑問を持っていくのか、確信していくのか、考えの道すじがわかる。

最後のページ

リテラくんが、（この情報に限らず）同じような問題点をかかえた情報を読みとく時に、注意したいことをまとめて説明している。いわゆる、情報リテラシーやネットリテラシーという面から考えるポイントとなる。

＊必ずしも取り上げた情報が正しいかまちがいかということにはならない。

スイカと天ぷらはいっしょに食べてはいけない？

信じる！	信じない！

スイカは水っぽいし、天ぷらは油っぽいから、きっとそういう理由で合わないんだろうね

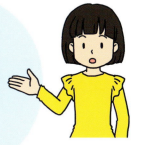
でも、同時に食べるわけじゃないんでしょ？ 天ぷらのあとにスイカを食べるなら、問題なさそう

でも、こういう記事もけっこうあるよ！

絶対にやってはいけない食べ合わせ

「がん」になるから！という理由が多いよ

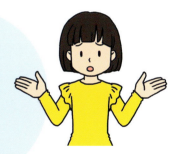
うーん……、でもそれで本当に大変な目にあった人っているのかな？ なんだか迷信っぽい

迷信？ 昔の人が身をもって体験したから伝わってるんじゃないの？

"食べ合わせ"の言い伝えが真実とは限らないよ！ 疑わしいわ

どうなの？リテラくん！

昔からくり返し言われている"食べ合わせ"の注意は、迷信だとか、科学的に理にかなっているとか、いろいろな話がまじっているよね。一見、理にかなっていそうな組み合わせだとしても、実際はどうなのかな？

昔からの言い伝えに現代の科学的根きょをプラス？

どの"食べ合わせ"も一応理由はありますが、古くから言われている「スイカ＋天ぷら」「うなぎ＋梅干し」は、科学的な理由からというよりは、習慣的ないましめや、個人の体験から始まったものと考えられます。現代になって、そこに科学的な理由を当てはめてみた、ということかもしれません。

昔から言い伝えられて、それが現代まで残っているということは、それなりに説得力があったということじゃない？

逆に言うと、別に大して気にならない話だったから、否定もされてこなかったのかも

スイカやウナギの説以外にも、現代に始まったものもあるから、まとめて考えてみようか

スイカと天ぷらだけじゃない ほかの"食べ合わせ"も一気に検証！

よくない？食べ合わせ

スイカ＋天ぷら

科学的な根きょのように述べられている理由

スイカは水分が多く、天ぷらは油分が多い。スイカの水分で胃液がうすまり、そこへ天ぷらの油が入ると、油分の消化がうまくできずに、消化不良でおなかをこわす。

↓

本当のところは？

腸で天ぷらの油分を消化する力が多少下がる可能性は否定できない。だが、そのときの体調や個人の消化能力のちがいによるところも大きいだろう。

↓

疑うだけの理由

水分と油分の取り合わせはいくらでもある。ビール好きの大人はよく、つまみに「あげものが合う」と言うが、おなかをこわすからやめろという説は聞かない。

やっぱビールにはあげものが合うよねー！ 同感〜

なかには、専門用語を使ってバッチリ説明されているものもあるけど、どうなのかな？

よくない？食べ合わせ うなぎ＋梅干し

よくない？食べ合わせ  ダイコン＋ニンジン

 科学的な根きょのように述べられている理由

梅干しの酸味（クエン酸）が、胃腸を元気にし、消化を助けてうなぎの油分をさっぱりさせるので、ぜいたく品のうなぎを食べすぎてしまう。それをいましめるため。

科学的な根きょのように述べられている理由

ニンジンの酵素であるアスコルビナーゼが、ダイコンのビタミンCをこわすので、生で合わせて食べないほうがいい。酢を使えばアスコルビナーゼが働かなくなるので、ダイコンとニンジンの「なます」は理にかなっている。

本当のところは？

そもそも、ニンジンと同時に食べるダイコンは少量だし、アスコルビナーゼでこわれたビタミンCも、体の中で元にもどる。「なます」自体も大した量を食べないので、理にかなっているかにかかわらず、体へのえいきょうはほぼない。

本当のところは？

酸味が油っぽいものをさっぱり感じさせることは正しいが、梅干しの強烈な酸味がうなぎのおいしさを台なしにしてしまう面もある。

よくない？食べ合わせ  焼き魚＋つけもの

 疑うだけの理由

酸味ということなら、うなぎときゅうりの酢の物「うざく」は、古くから庶民の食べ物としてある。ぜいたくだからダメという理由は成り立たない。

科学的な根きょのように述べられている理由

焼き魚のこげにふくまれるジメチルアミンが、つけものの亜硝酸塩と合わさると、ニトロソアミンという発がん物質に変化するため、量が少なくてもさけたほうがいい。

うざく

 本当のところは？

科学的には正しい理由。でも、こげは大量に食べないし、それほどの量ができるとは考えにくい。亜硝酸塩はつけものに限らず、ほかの野菜にも入っている。

食べ合わせのあれこれは食文化のひとつと考える

食べ合わせをすべて迷信だと片づけるのもなんだかさびしいし、信じるのもよいでしょう。長く続く食文化の一面だととらえて、楽しんだほうがいいですね。天ぷらを食べたあとに、わざとスイカを食べてみたり、「スイカ以外で何を食べようかな」と考えるなど、それによって、食べ物や栄養への興味が出てきたりすることのほうが価値があります。

ネットでよく見るキーワード

なんらかの特定の栄養素に対して、体にえいきょうがあるか、ないかという情報が多くなっている。

- ビタミンCをこわす！
- 酵素の作用で健康に！
- 吸収をさまたげる！
- 代謝をうながす！
- 発がん物質！
- 加熱する・しない！
- 体内の酸性化・アルカリ性化！

ちょっと気にはなっちゃうけど、たしかに楽しむほうがいいかな

いろいろな食べ合わせをためしてみてもいいね

健康についての記事によくあらわれる栄養についてのキーワードは、科学的な根きょがありそうなものも多い。しかし、どれだけとればえいきょうが出るかといった量の問題が無視されていることがほとんど。

リテラくんからみんなへ

栄養に関しては、特定の成分だけを取り上げて、もっともらしい理由を並べて語られることが多いね。でも、どれだけのビタミンCがこわれて、どれだけの代謝が上がるのか、それがはたして体にえいきょうをあたえるのかについては、なんの検証もなく書かれているものばかりなんだ。それを気にするより、いろいろなものを食べることのほうが、より重要だということだよ。もし、本当に「やってはいけない」なら、行政機関などからみんなに知らせるはずだしね。

有機栽培野菜は栄養がたっぷりでおいしい？

信じる！

有機栽培って、オーガニックのことでしょ？　そりゃ、おいしいに決まっているよ！農薬なしなんだもん！

オーガニックって体にいいんでしょ？　体にいいのは栄養があるってことだよね！

オーガニックだから体にやさしくておいしいスープに！

あれ？　そうなの？そういうデータを見ちゃうと自信がなくなるなあ。でも、農薬を使わないほうが野菜によさそうだと思うよ！

信じない！

なんだかあいまいだなあ。たしかに農薬はこわいけど、それで味が変わるのかな？

うーん、でもね、こんな記事を見つけたよ！

オーガニックよりも非オーガニックのジャガイモはビタミンCが多い

実験データで明らかになったんだって！おいしさはわかんないけど

むしろ、農薬で雑草がなくなれば、その分野菜の栄養が多くなるかも……なんて、ぼくは思っちゃうけどね

どうなの？リテラくん！

有機栽培にまつわる論争は、今でも続いているみたいだね。「有機栽培」「オーガニック」という言葉がひとり歩きしていて、「イメージ」先行で語られているのかもしれないね。栄養とかおいしさだけでは説明できない「思い」が複雑にからむ話だからね！

※有機栽培は、別名「オーガニック」ともいいます。

そもそも有機栽培って、どんなことが特別なの？農薬を使っていないとか、だれが証明するの？

国が決めた条件に合わせて栽培したり、加工したりする必要があるんだよ

有機農産物の規定

有機栽培を行う田畑には、使用禁止の農薬が入りこまないようにする。栽培を始める前2年以上は土には使用禁止の農薬や化学肥料を使用しない。遺伝子組みかえ作物でない、などの決められた条件があります。

え？ 農薬を使っているの？オーガニックって無農薬だと思ってた

無農薬だと誤解している人もけっこういるよね。オーガニックでも、指定された農薬は使っていいんだよ

それで、オーガニックだと栄養は多くなるの？

有機栽培と名乗れるのは？

有機農産物を示す有機JASマーク
農場に定期的な調査が入り、決められた組織から認定を受けて初めて、このマークを表示できる。

国が許可している農薬や肥料だけを使用して栽培

土

決められた条件を満たした土地

有機栽培の大前提

化学的に合成された肥料や農薬を使わないことを基本にし、栽培場所の土の能力を活用して生産する。また同時に自然環境への負担をできるだけなくした栽培方法を用いる。

表示できない「無農薬栽培」

農薬を使わずに栽培する無農薬栽培は、減農薬栽培と合わせて、特別栽培農産物とよばれる。「無農薬」や「減農薬」という表示は、消費者の誤解を招くので、「農薬：栽培期間中不使用」などと表示することとされている。

有機栽培と非有機栽培の栄養価の比較

ニンジンはふつうの栽培のものと、レタスは工場栽培のものと比較している。

調査対象の野菜の数が少ないから、確実な結果とはいえないんだけど、データを見てみよう

栄養価は大はばには変わらない

有機栽培の作物によっては、栄養価が高くなりますが、土の状態などは、農家によってもさまざまです。育て方もちがうので、単純に比較はできません。国外では、有機栽培とふつうの栽培とで、栄養価に差はないとする研究結果も出されています。

ニンジン　■有機栽培　■ふつうの栽培

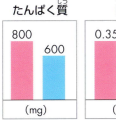
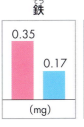

有機栽培のほうが栄養価が高い

有機栽培だからといって、必ずしも栄養価が高いとはいえないんだ

レタス　■有機栽培　■工場栽培

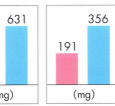

工場栽培のほうが栄養価が高い

"オーガニックはおいしい"という説についても考えてみよう！　オランダで行われた実験が興味深いよ

味でオーガニックはわかるのか？　実験inオランダ

オーガニックフェアに来た人たちに、有名バーガーチェーンで買った商品をきれいにもりつけて、「オーガニックバーガーだ」と言ってみんなに食べてもらう。

オーガニックのバーガーです！感想を聞かせて！

オーガニックにくわしい人たちだから、味のちがいがわかるはずよ！

さて、オーガニックを好む人たちの反応はいかに？

どーかなー

知りたい君は次のページへGO!!

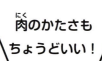

- 深い味わいでおいしい！
- バーガーチェーンのものよりおいしいわ！
- フレッシュでみずみずしいね！
- 肉のかたさもちょうどいい！
- オーガニックはこうでなくちゃ

えぇー！　みごとにだまされてしまったんだ

これもネットの情報だけどね

「有機」「オーガニック」という言葉の効果

手をかけた作物はおいしいだろうし、有機栽培野菜は栄養価が高くなる旬に収穫することも、おいしさに一役買っているといえます。ただ、おいしさは脳が判断するもので、オーガニックであると知っているのと知らないのでは、味の受け取り方にちがいが出てしまうのもたしかです。

しかし、言葉だけに価値を見いだす食べ方は、味や安全性を追求して有機栽培野菜を作る農家の人にとってもうれしいことではありません。

- 材料は全部オーガニックだよ
- 今朝、収穫して直送されたものだよ
- 育て方に安心感があるね
- シェフも超一流なんだって！

思考　おいしいはずよ

やりとり

感覚　うん！たしかにおいしいね

材料などの情報がキーワードとなって、脳で処理され、おいしさに結びつく。

オーガニックのぎそう事件もあったよね！

思いこみがおいしさをつくっているといえるね。でも、だからこそ、おいしいともいえるよね

リテラくんからみんなへ

オーガニックのおいしさは、農作物の味だけでなく、農家の自然への考え方や取り組み方、育て方などの、安心・安全も味わっているのだから、栄養価だけを取り上げても、結論は出せないよね。オーガニックに限らず、「体によくておいしい」というのは、何か具体的なデータをもとにした意見ではなくて、個人の考えである「主観」であることも多いんだ。

オリーブオイルを使うとダイエットできる？

信じる!

オリーブオイルの健康効果は、調べれば調べるほど出てくるよね！ 毎日飲むと、血液がサラサラになるって！ やせるはずだよ

1日大さじ2はいのオリーブオイルで運動しなくてもやせる！

オリーブオイルでがんになりにくい体に！

飲む量は、落としたい体重のキロ数によって変えられるんだって！ 食欲だってへるらしいよ！

こんな手軽なダイエット法を信じないなんて、どうかしてるよ！

信じない!

血液サラサラだとやせるの？ そもそも、油は油なのよ！ カロリーが高いから、オリーブオイルだけが特別ってことはないよ！

その記事を読んだけど、同じような文が多いし、使われてる写真も、なんか内容と関係なさそうなものばっかりだよ！

いやー……どれもあやしい口コミだよ？ だいじょうぶなのかな

どうなの？リテラくん！

たしかに、「地中海式ダイエット」として有名になっているね。医学の研究者もすすめている方法みたいだけど……。実際はどうなのか疑問の声も上がっているよ！

まず知っておこう！
肥満の人はどれだけいる？

近年では、肥満は世界的な社会問題となっている。

日本人（20歳以上）の肥満者の割合

28.7%　21.3%

平成26年「国民健康・栄養調査」の結果（厚生労働省）より

近年は、男女とも肥満者数に大きな変化はないが、男性が高い傾向にある。

肥満がもたらす病気の例
- 糖尿病
- 高血圧
- 心筋こうそく
- 脳こうそく
- 乳がん
- 子宮がん

　など

肥満は体のさまざまなところに負担をかけ、病気を引き起こす危険がある。

健康の心配はもちろんだけど、国が負担する医りょう費も高くなるから問題になっているよ

肥満を防ぐのは大事なことなのね

それで、オリーブオイルのような手軽にできるダイエット法が人気なんだよ！

オリーブオイルでダイエットできるという主張

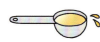
食事の1時間前

大さじ1〜1.5のオリーブオイルを飲む

→
あまりおなかがすかないような感じだな！
満腹感が出る

→
おなかがすかないから食事は少なめでOK！
食事や間食の量がへる

→
やった！
やせる

こんな情報も！

オレイン酸が豊富 → 血液をサラサラに → 悪玉コレステロール値を下げる
　　　　　　　　　　　　　　　　　→ 血行がよくなって便秘、むくみが解消

ビタミンE、鉄、カルシウムが豊富 → ビタミン・ミネラルもとれる → 体調がよくなる

「オレイン酸」とやせることを結ぶ根きょはない

悪玉コレステロールは、血管中にたまり、血液をドロドロにして動脈硬化を引き起こす原因のひとつです。オリーブオイルの70〜80％はオレイン酸で、この悪玉コレステロールの低下をうながし、血液をサラサラにするといわれています。それはいいことですが、やせることとは別の話で、やせる根きょにはなっていません。

オレイン酸という言葉がマジックワードになって、いろいろな誤解を生んでいると思うよ。

血液の流れをよくすることは、たしかなんだよね？それがダイエットにつながる研究もありそうだけどな

しいて言えば、「地中海式ダイエット」に結びつけられることかな。でも、これもオレイン酸やオリーブオイルがダイエットに効くというものではないよ

かなり探したけど、そういう研究結果は見つからないね。どれも言いっぱなしの情報だよ

地中海式ダイエット*

ギリシャやイタリア南部の伝統的な食事法。1930年にこれらの国の人たちに心臓病や成人病が少ないという発表があって、世界中に広まった。食事法の中に「オリーブオイル」の項目があるため、オリーブオイルを飲むとやせると考えられたらしい。

*ダイエット（diet）は、もともと「栄養・食事管理」などの意味。最近は「体重管理・減量」など、広い意味で使われている。

地中海式ダイエットピラミッド

アメリカの保健局などが、1990年代になってから広めていった。

- 肉　月に2〜3回食べる
- スイーツ
- 卵
- とり肉　週に2〜3回食べる
- 魚
- チーズとヨーグルト
- オリーブオイル　毎日食べる
- 果物／豆類／野菜
- パン・パスタなどの穀物、いも類
- 毎日の肉体的な運動

ここがポイント！

オリーブオイルがどうかというより、やはり健康的な食事と運動でやせているんだよね？

ダイエット法を支えているのは、土台となる「運動」であることに注目！

どーゆーこと？次のページへGO!!

©2000 Oldways Preservation & Exchange Trust

やっぱり油は油である

オリーブオイルもカロリー的にはほかの植物油と同じなので、食事の量が変わらなければ、油を変えてもやせることは期待できません。ふつうの食事にただオリーブオイルを足した時、むしろ中性脂肪値が増えたというデータもあります。オリーブオイルに限らず、「エゴマ油ならやせる」などの情報もよく出てきますが、「これを使うだけでみるみるやせる」ということは本来ないのです。

油は悪者ではない！

油（脂質）は、人の体に大切な栄養のひとつ。体のエネルギー源となるもので、体温を維持するためにも欠かせない栄養です。不足すると、体が動かせなくなったり集中力の低下をまねいたりします。とりすぎはよくありませんが、きちんととる必要があります。

根きょのない情報におどらされるなんて、こわいね

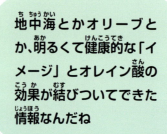

地中海とかオリーブとか、明るくて健康的な「イメージ」とオレイン酸の効果が結びついてできた情報なんだね

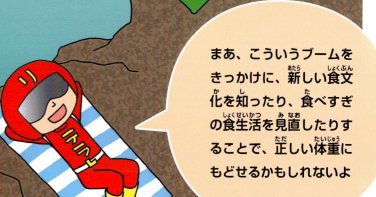

まあ、こういうブームをきっかけに、新しい食文化を知ったり、食べすぎの食生活を見直したりすることで、正しい体重にもどせるかもしれないよ

リテラくんからみんなへ

肥満やダイエットは、世界中の人の大きな関心ごとなんだ。だからこそ、手軽にやせられるとうたう商品の口コミが大量にあふれることになる。もし、オリーブオイルがダイエットに確実な効果があるのであれば、世界中の医りょう機関で治りょう用に使われて、肥満の人はいなくなっているはずだよね。1巻（38〜40ページ）でも伝えたけど、たまってしまった脂肪は、エネルギーとして使わないとへらないよ。冷静に考えれば、そんな簡単にダイエットできる食品はないと気づくはずだよ！

こげたものを食べるとがんになっちゃう？

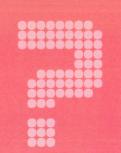

信じる！ | 信じない！

焼き魚を食べる時、よくおばあちゃんが言っているセリフだよ！なんとなく合ってそう

こげたものをそんなに食べる機会はないよね。食べたくないし。ちょっとでもダメなの？

前に見た本では、「こげには発がん物質がふくまれているので、できるだけ口に入れないようにしましょう」って書いてあったよ

その本、古かったんだよ。ネットで調べてみると

こげた食べ物ですぐがんにならない

って書いてあるよ

「すぐに」とは言ってないよ！危険があるんだから、用心しないとさ！

なんかめんどうだな。そういうことばっかり考えてくらしたくないよー

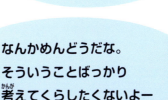

どうなの？リテラくん！

けっこう古くから言い続けられてきた話だね。こげに発がん物質がふくまれているのはたしかみたいだけど、それを毎日の生活でどうとらえていくか、ということのほうに注目してみようか！

自分の体重の4倍のこげ

国立がんセンター（現国立がん研究センター）の研究によると、ネズミの実験で体重の4倍のこげを食べ続けると、がんができたそうです。しかし、この実験を人間に当てはめるのは、あまりにも現実的ではありません。

がんは、体内にある細胞ががん細胞に変化し、それが増えていく病気です。原因となる発がん物質はさまざまで、こげもそのひとつですが、こげ以外のもののほうが、多くあるのも事実です。

動物性たんぱく質（肉・魚）がこげると、発がん物質ができるけど、さすがに体重の4倍は食べないよね

がんの原因となる物質

強い影響がある発がん物質としては、次のものがあげられます。

たばこ

カビの生えた外国のナッツ類

がんを防ぐ新12か条
（がん研究振興財団より）

1. たばこは吸わない
2. 他人のたばこのけむりをできるだけさける
3. お酒はほどほどに
4. バランスのとれた食生活を
5. 塩からい食品はひかえめに
6. 野菜や果物は不足にならないように
7. 適度に運動
8. 適切な体重維持
9. ウイルスや細菌の感染予防と治りょう
10. 定期的ながん検診を
11. 身体の異常に気がついたら、すぐに受診を
12. 正しいがん情報でがんを知ることから

昔はこの中に、「こげたものを食べない」が入っていたんだけど、優先順位が低いとして外されたんだ

なんとなく、がんというより、健康にくらすためのことばっかり！

リテラくんからみんなへ

「発がん物質」とは、長期にわたって大量にとった場合に、がんを発生させる可能性のある物質。ごくわずかな発がん物質が、仮に遺伝子を傷つけたとしても、ふつうは修復される。そういうものを気にしすぎるより、「健康的な生活を楽しむ」ほうがよくないかい？

トクホのお茶を飲むとやせられる？

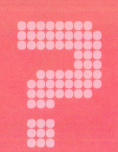

信じる！	信じない！

「体脂肪をへらす」って言ってるトクホ（特定保健用食品）のお茶なら、そりゃやせるでしょ！

やせるというよりも、太りにくくするってことじゃないかな？「脂肪をつきにくくする」って書いてあるし

体質による効果はちがうと思うけど。効果があった人の意見がたくさんあるよ！

効果がありました！1か月で3キロ！

実際に効果がなかった人の話もたくさんあるよ！

お金のムダ！まったく効果なし！

でも、トクホって国が効果を認めたものなんでしょ？

国が認めているからといって、お茶だけでやせるなんておかしいよ！

どうなの？リテラくん！

たしかに効果が認証されているのがトクホ（特定保健用食品）なんだけど、どうなんだろうね。広告やパッケージに書かれていることを、しっかり読んでみる必要はあると思うよ！

やせたい人は多いから、「トクホでやせられる」と言われると、飛びついちゃうよね！

トクホにそんな力はあるのかな？国が認めているならそうなのかな？

トクホの食品のパッケージを見て、どういうことが表示されているか、たしかめてみよう

トクホは国が効果を認めた「特定保健用食品」のこと

飲み物や食べ物などの食品に、健康に関する何らかの効果を持つ成分を入れて、その効用を表示することを国の機関である消費者庁に認められているものをトクホといいます。その有効性や安全性について、科学的な根きょに基づいて国が審査している点が、ほかの健康食品と大きくちがいます。認められた食品にはマークがつきます。

特定保健用食品の特ちょう（お茶の場合）

トクホで認められた効果を伝えるキャッチコピー
ほかには
体脂肪をへらす
脂肪の吸収をおさえる
体に脂肪がつきにくい
など

摂取する時の注意や国が表示を義務づけている文言
薬ではないので、病気が治るものではないことや、摂取の仕方で効果が変わるので、その注意が書かれている。

トクホ食品であることを表す国が定めている共通のマーク
審査に通った食品であることを示し、消費者に選んでもらいやすくしている。

〈重要事項の表示〉
【許可表示】本品は○○をふくむため、××が気になる方に適しています。
【一日当たりの摂取目安量】1日当たり1本を目安にお飲みください。
【摂取上の注意】多量摂取により疾病が治癒したり、より健康が増進するものではありません。

これも、表示をよく読んで判断しなきゃダメっていうことでしょ？

そうなんだ。表示を見ると、「やせる」とか「ダイエットに効果がある」とは断定していないよね

トクホ食品の値段が高い理由

トクホの表示ができるようにするためには、商品の開発だけではなく、国に申請する時の根きょにするための大がかりな研究費など、たくさんの経費がかかります。その分のお金が価格にもふくめられているのです。また、少し値段が高いほうが、効果があるように思える消費者の心理に合っているともいわれます。

「やせる」と「脂肪を消費しやすくする」はちがう

脂肪といっても、食べ物にふくまれるものと、体に蓄積されるものとがある。トクホの成分がどちらに働きかけるのかによって、効果はちがってくる。それをふまえて表示の意味を見てみよう。

★「脂肪をつきにくくする」「脂肪の吸収をおさえる」

トクホの成分 → 食事をとる → 食べた物の脂肪の吸収がおさえられる → 排出量アップ 少し

ホントだ！「脂肪の吸収をおさえる」とか、「消費しやすい」とかだ。これって何がちがうんだろう？

★「体脂肪をへらす」「脂肪を消費しやすくする」

トクホの成分 → 体を動かす → 体の脂肪が、分解・燃焼されやすくなる → 燃焼量アップ 少し

吸収をおさえるだけなら、体にたまった脂肪はへらないってことかな？

でも、体に入ってくる油がへるから、結局やせるってことじゃ……？

「消費しやすくする」って、確実に「消費します」ってわけじゃないんだ……

でもさ、どちらにしても、「どれくらい」その効果があるかだよね

いいところに気がついたね。でも、大事なのは、効果が「あるのかないのか」だけじゃないんだ

う～ん、なんかわからなくなってきた!!

どーゆーこと？次のページへGO!!

実験データによると、体脂肪を燃焼しやすくする成分のカテキンが4倍入ったお茶で、1日50〜100kcalほど消費が増えるらしい

それって多いの？

実は、脂肪にすると、これだけ……

1日50〜100kcal 燃焼

脂肪10gほど（ごはんにすると4〜5口分）

な〜んだ。たったの10gじゃん！

でも、1年だと3.7kgになるよ！

う〜ん、でもね 実験は、適切な食事量で、運動も行ったうえの結果だよ

食べすぎや、運動不足が続くなら、結局10gの効果も出ないんだよ

何ごとも、安易に劇的な効果を期待しちゃいけないよ

意外と大きい心理的な要素

これさえ飲んでいれば安心だ！

せっかく「トクホのお茶」を飲んでいるなら……

好き放題の食事！
安心してたくさん食べちゃった！
増えた！

いつもより少なめ！
いつもより運動もしてみたり
へった！

リテラくんからみんなへ

当たり前だけど、トクホは「薬」ではなく、あくまでも「食品」だから、そもそも著しい「薬効」はないんだ。食品ならではのメリットとしては、副作用の危険が低くて、日常的にとり続けられること。都合よくほしい効果がすぐに手に入るものではないんだよ。トクホに限らず、機能性表示食品（事業者の責任で、科学的根きょを示して届け出れば国の審査なしにその効能を表示できる）など、体への働きを表示しているものは、その意味をよく考えるようにしようね。

牛乳は体に悪い？

信じる！ | 信じない！

この意見が書かれた本がベストセラーになっているし、医師がそう言っているから、絶対正しいよ！

これまでずっと体にいいって言われてきた牛乳を、とつぜん悪いものにするなんておかしいよ！

「常識を疑え」って言うでしょ？やっぱり牛の乳を人が飲むのはまちがっているんだよ

いやいや、そんなこと言い始めたら、人間は何も食べられなくなっちゃうよ？それでもいいの？

同意している意見はいっぱいあるよ！ なかには、自分の体験をもとに言ってる人もいるから、信用できるよね！

やっぱり牛乳は体によくなかった！

同じくらい反対意見もあるよ！ 体験談も個人的なものだし、そりゃ体に合わない食品なんて、人それぞれいくらでもあるよ！

どうなの？リテラくん！

ある意見がメディアに大きく取り上げられたことで、一気に賛否両論がまき起こった例だね。どちらの意見も専門家が言っていることだから、信じたくなるのも無理はないね。「科学的な根きょ」をどう受け取るかが大きなポイントになりそうだ！

飲むべきか飲まざるべきか……

たしかに牛乳が体にいいってことを、なんの疑いもなく信じてるということはあるけど…

そんなに体に悪いなら、給食に出るはずないのに、とは思うけど……

いいのか悪いのか、簡単には判断できそうにないのが、この問題の最大の特ちょうだね。

それぞれの言い分を確認していこう！まず「体にいい」とされる理由から！

牛乳にふくまれている成分

200mLあたり
日本食品標準成分表 2015年版（七訂）より

カルシウムなどのミネラル
836mg

たんぱく質
6.8g

脂質
7.8g

炭水化物
9.9g

水分
180.4g

実は9割が水分！

牛乳は栄養豊富な完全栄養食品？

西洋文化が入ってきたころから、日本人は牛乳を飲むようになりました。牛乳は、たんぱく質や脂質、炭水化物といった三大栄養素をはじめ、ビタミン、そして日本人が不足しがちなカルシウムなどのミネラルが豊富で、完全な食品ではないけれど、バランスのとれた食品です。栄養が体内に吸収されやすいという特ちょうもあります。

牛乳のこうした栄養価の高さから、まずしい時代にも栄養を手軽に補えるという理由で、戦後、給食に登場しました。

では今度は、牛乳が有害だという説について見ていこう！

説1 アレルギーやがんの原因に!?

牛乳にふくまれるたんぱく質のカゼインは、ねばり気が強く、胃でかたまったり、腸内で栄養が吸収されずにくさってしまうことがある。血管に入りこんで血液をよごすこともあり、それに体が抵抗してアレルギー反応を起こす原因になる。また、吸収されずに体内にたまったカゼインが、がんを引き起こす危険もあるという説。

えー!! そうなの？それはこわいな！

説2 ほとんどが水分!?

牛乳の成分の9割は水分なのだから、あえて牛乳を飲んで栄養をとる必要がない。それなら、ミネラルウォーターもカルシウムやミネラルをふくんでいるのだから、こちらを飲むほうがいいのではないかという説。

そう言われればそうかも……

説3 カルシウムのとりすぎで体内のカルシウムをへらしてしまう!?

牛乳を飲むと、血液中のカルシウム濃度が一気に上がってしまう。すると、カルシウムを過剰にとったと思った体が、尿として体内からカルシウムを捨ててしまう。牛乳のカルシウムが、体内にあったカルシウムをへらすこととなり、骨粗しょう症をまねく結果となるという説。

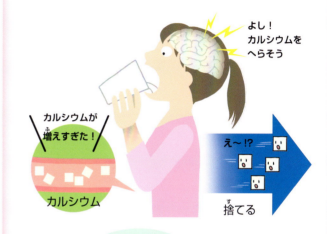

ふむふむ、たしかにこれは大問題ね！

骨粗しょう症とは

骨の中がスカスカでもろくなり、ちょっと負担がかかるだけで骨が折れやすくなる病気。

もう少し有害とする説があるよ！

知りたい君は次のページへGO!!

説4 もともと日本人には合わない

牛乳にふくまれる炭水化物の乳糖をうまく分解できないため、牛乳を飲むとおなかがゆるくなって、ゴロゴロしたり、げりをしたりする症状を乳糖不耐症という。日本人の多くはこれに当てはまるのだから、牛乳は日本人には合わない飲み物だという説。

合わない！

説5 脂肪をとるから太る

牛乳は栄養価が高いし、脂肪にふくまれる飽和脂肪酸は、体の中で分解されにくい物質で、中性脂肪のもととなる。だから、牛乳を飲むと中性脂肪が増えて、太ることになるという説。

> 牛の母乳だから、牛の女性ホルモンが入っていて危険っていう説もあるみたい

> そうなのか……なんだかよくない気がしてきたよ

有害説に対する反論で大論争に

牛乳を有害とする説は、以前からありましたが、2005年に出版された1冊の本に同意する意見がネット上に現れて広まりました。さらに、その説に対する反論も出て大論争に発展。その後、反論に対して説得力のある再反論が出ないまま、ネット上での全体的な論調としては、有害説が否定されたまま鳴りをひそめている傾向にあります。

> 専門家が科学的根きょまで示していれば、たしかに有害だと思ってしまうよね。
>
> でも、これらの有害説にも、別の専門家が科学的根きょを示して反論しているよ

反論のポイント

★ 骨粗しょう症となる根きょのデータは、もともとカルシウムをたくさんとっている欧米人のものでしかない。

★ 牛乳を飲むと骨粗しょう症がへるなど、まったく逆の研究結果も出ているが、無視されている。

★ 根きょとされた論文を取り上げるとき、一部の都合のいい部分だけをぬきだして解釈している。

など

> 専門家自体、意見が割れているんだから、一面だけ見ても正解はわからないよね

そうか……

「牛乳大論争」は、ネット社会特有の問題をはらんで拡大したんだ。まとめてチェックしてみようね

どれどれ　どういうこと？

牛乳大論争を読みとく大事なポイント

「程度」の条件を無視している

カルシウムにしても脂肪にしても、あくまでその食品を大量にとったときに問題が起こる。それなのに、自分の都合のいいように、結果だけを大げさに語っていることが多い。それを見た人は、意外な結果だけに注目してしまい、少しでもとると危険かのようなイメージをあたえられてしまう。

こんなに飲めない！

しょうゆだって、ごはんだって……、大量にとりすぎればどれも危険！

そうか！　絶対に牛乳を飲むべきじゃないのかと思いかけてた！

リスクだけをとりあげてメリットを無視している

ごくわずかな問題点や危険性にとらわれて、その食品をとったときのメリットを捨てるべきかどうかが軽くみられている。手軽に栄養をとれるメリットは、現在でも無視はできない。

飲む

リスクだけではなく、メリットも同時に考えるべき

飲まない

牛乳を飲んでいいのかということだけを考えるんじゃなくて、「飲まなかったらどうなる」も考えないといけないね

まだまだポイントはたくさんあるんだよ！

知りたい君は次のページへGO!!

現状を無視している

たとえば、給食のない日にカルシウムが不足する子どもがどれくらいいるのか。家で牛乳以外からきちんととれているのか。また、骨粗しょう症の増加傾向と照らし合わせて、成長期にカルシウム不足だった人の将来のリスクはどうなるのかなど、軽くみられている情報はないだろうか。

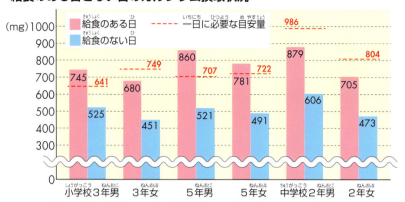

給食のある日とない日のカルシウム摂取状況

凡例：■給食のある日　■給食のない日　---一日に必要な目安量

	小学校3年男	3年女	5年男	5年女	中学校2年男	2年女
給食のある日 (mg)	745	680	860	781	879	705
給食のない日 (mg)	525	451	521	491	606	473
一日に必要な目安量	641	749	707	722	986	804

「平成22年度 児童生徒の食事状況等調査」((独)日本スポーツ振興センター)、「日本人の食事摂取基準(2010年版)」(厚生労働省)より

リテラ:「有害だという説の中には、いんぼう説や味覚といった、科学的根きょのないものまで加わって広がっていくんだ」

男の子:「牛乳をやめたからって、急に小魚とかほかの食品を多く食べるようになるとは限らないよね……」

変ないんぼう説にとらわれている

アメリカのらく農業者を救うために、敗戦国である日本に無理やり牛乳をおしつけたという説。「大企業からの圧力」などと同様に、この手の情報は共感をよびやすいのか、ネットではすぐに信じられ、広がりやすい。

日本人の味覚をこわすというおしつけ

米飯を主食とする給食のごはんと牛乳は、味覚的に合わないのに、「流しこみ食べ」が行われていることが味覚をこわすという説。だが、「流しこみ食べ」は、家でも行っていないだろうか。また、給食でこわされる程度の味覚だとするなら、家庭の食事にも問題はないだろうか。その点も考える必要がある。

女の子:「現在、海外からの輸入は0%だし、戦後の話も日本からお願いしたんだってさ！」

男の子:「ぼくは給食を食べ終わってから牛乳を飲むようにしているよ！」「ごはんとは別に味わいたい！」

キラーワーズの問題

「白砂糖にしろ、白米にしろ、精製したものは栄養価が低いし、しげきばかりが強い」、「ほかの動物の乳を飲むのは人間だけで不自然な行動」など、一見「なるほど、たしかにそうかも!!」と思わせる言葉（キラーワーズ）には、感化されやすい。

キラーワーズとは

いわゆる「殺し文句」で、相手の関心を引きつけ、「なるほど」と共感させやすい言葉のこと。「加工したものは栄養価が低い」や、そこから広がって「白いものは悪い」といった説も、言葉がしげき的だったこともあり、広まった。

> それを言ったら、植物を大量に栽培して食べるのも、加熱調理をするのも人間だけ。人間だけが行っているものはいくらでもあるのに、おかしな理くつだね

伝言ゲーム拡散問題

「友だち」から流れてきた情報に「いいね」をおして、ついでに自分なりの感想を加えて、ほかの友だちに広める行為。信頼できる友人だからと、情報が正しいかは深く考えないままやっている人がよく見うけられる。これもネット社会ならではの問題だ。

こじつけた意見が広まる

給食と流しこみ食べの問題は、牛乳に責任はなく、家庭や学校での教育・指導の問題。つまり、本来は牛乳とは関係のない問題なのです。しかし、こうした関心度の高い情報を、自分の言いたい説にうまくこじつけて、説得力があるかのように広めるやり方は、ネット社会でよく見うけられる方法です。

> そうそう、「牛乳をやめただけでかぜをひかなくなった」とか、友だちの「個人の感想」がたくさんついていると、信じちゃうんだよね

> 本当に情報を読みとくのは大変だ！
> 大人でもね

> 結局、牛乳は飲んでもかまわないってことなのかな？

知りたい君は次のページへGO!!

だれもが無制限に飲み食いしてもいい食品なんてないんだよ！ ほどよく飲んだ時にどうなのかで考えてみたらどうかな？

わたしは飲も!!

情報を判断する時の考え方

いろいろな情報を読んでみて、自分にどんなメリット、デメリットがあるかを考えてから判断したいね！

自分にとってデメリットが大きいと考えたら、「飲まない」という判断をしてもかまわないんだね！

新しい研究結果が出ることで、情報への判断が変わることもある

土台となる考え（大前提）

だれにでも
「どんなにたくさんとってもだいじょうぶ」
という食品はこの世にはない

リテラくんからみんなへ

医師などの専門家が発表して、論文や研究結果をもとにしていると言われると、信じちゃうよね。でも、そのもとの研究については、わたしたちが簡単に知ることはできないし、正しいのかどうかは専門家でも判断は難しい。今回の主張のように、世の中をさわがせるものだと、必ず反論も発表されてくるから、その情報もあわせて見ていくことが大切だよ。

ヨーグルトは加熱して食べても、効果が落ちない？

信じる！

焼きヨーグルトっていうのを食べたけど、チーズみたいでおいしかったー！

それって乳酸菌のこと？ネットでは、乳酸菌は死んでも役に立つって書いてあったよ

死んでも働く乳酸菌！

ぼくは別に、乳酸菌をとるために食べるわけじゃないから、どっちでもいいけどね！

信じない！

ヨーグルトを焼くの？それだと、おなかの調子をよくする効果がなくなっちゃいそう！

本当に？でも、死んだ菌を食べるなんて、ちょっと気持ち悪いなあ。私は冷たいのがいいな

おなかのためにいいから食べてるのよ！「生きたまま届く」とかいうヨーグルトがいいなあ……

どうなの？リテラくん！

焼きヨーグルトなど、ヨーグルトを加熱して食べる方法がはやって、加熱した乳酸菌の効果はどうなのかということが話題になったね。こうした新しい情報を、自分の中にどう取り入れたらいいのかな。考えてみよう。

乳酸菌を食べるとどうなる？

「食べた乳酸菌は、大腸に行くまでにほとんど死んでしまうんだよ」

「え？ 冷えたヨーグルトの乳酸菌も、死んじゃうの？」

「加熱してもしなくても死んじゃうなら、食べて役に立つの？」

乳酸菌

糖類を乳酸に変える力を持つ細菌で、250種類以上確認されている。人の腸内にも同じ仲間がいる。腸内の乳酸菌は善玉菌の一種で、乳酸で腸内を酸性にすることで、ほかの善玉菌の働きをよくしたり、悪玉菌を動けなくして、体調をよくしたりする働きがある。

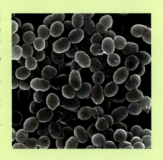

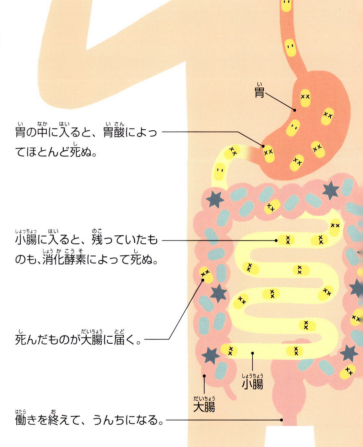

ヨーグルト（乳酸菌）

胃の中に入ると、胃酸によってほとんど死ぬ。 — 胃

小腸に入ると、残っていたものも、消化酵素によって死ぬ。

死んだものが大腸に届く。

小腸

大腸

働きを終えて、うんちになる。

「実はもともと、うんちの大半は腸内細菌の死がいなんだ」

「乳酸菌の死がいは、うんちの「かさ」を増すことで、大腸をしげきして、お通じをよくするよ」

「だから、便秘がよくなって、毎日うんちがしっかり出るっていうのか！」

「えー！でも、それだけ？」

じゃあ、今度は腸内にもともといる乳酸菌の働きを見てみようか

そっか、体の中には、もう乳酸菌がいるんだもんね

腸内細菌の働き

腸内には、100兆個ともいわれる細菌がいる。働きによって、乳酸菌などの善玉菌と、悪玉菌に分けられる。善玉菌と悪玉菌は常になわばり争いをしていて、善玉菌が多い状態なら健康が保たれるが、悪玉菌が増えると、便秘やげりを引き起こすなど、体に悪いえいきょうをおよぼすことになる。

善玉菌が増えると、腸の働きをよくして、便秘やげりを予防したり、めんえき力を高めることになる。死んだ乳酸菌は、もともといる乳酸菌のエサとなることで、善玉菌の働きを活性化させる。

エサになって、善玉菌の役に立つんだ！

そう。だから、死んでいても問題ないんだよ

じゃあ、生きて届く乳酸菌っていうのは、何をするの？

胃酸で死なないように、カプセルに入れた乳酸菌などが使われている。

知りたい君は次のページへGO!!

生きて届いた時の乳酸菌の働き

生きて届いたとすれば、腸内の乳酸菌に加勢して、善玉菌の働きを多少活発化させると考えられる。

よーし、悪玉菌には負けないぞ！

加勢するよ！

よろしく！

生きたまま届くことは重要か!?

「生きて腸に届く」とされているヨーグルトには、「大腸に届く」とは書いてありません。乳酸菌が小腸の強い消化液の中を生き残るかは不明です。仮に生きて届いたとして、あくまで「一時的なちょっとした」加勢です。食べた菌が腸に定着して増殖するのかなど、どこまで効果があるかは、明確ではありません。

そもそも、腸にはすでにたくさんの乳酸菌がいるわけだから、1回だけ食べたところで大きな効果は期待できないね

食べた乳酸菌の一部 が加勢 つまり、$\dfrac{1}{100万}$??

$$\dfrac{100{,}000{,}000 \;\text{くらい??}}{100{,}000{,}000{,}000{,}000}$$ 腸にいる乳酸菌

そっか。「大腸に」とは書いていないのか。じゃあ、加熱するのもいいね

そうだね。焼きヨーグルトのほかに、ケーキに使ったり、タンドリーチキンやカレーなどのかくし味で入れる人もいるね

まあ、ぼくは、おいしければ何でもいいけどね

生きているものをわざわざ食べて「体にいいことをしている」気持ちになる。ここに大事なポイントがあるんだ

リテラくんからみんなへ

みんなは、何のためにヨーグルトを食べているの？「なんとなく体にいいから」なら、それなりに満足感は得られるだろう。ただ、せっかく食べるなら、「体にいいものを生活に取り入れている」ことをきっかけにして、たとえば、食生活に気をつける、きちんと睡眠をとるとか、ほかにも気をつけようとする気持ちが生まれると、ほしい健康がより手に入りやすくなるよ。健康にいいものは、過大に評価されて、ネットでは効果が大げさに書かれるけど、何かひとつだけに頼って、ぐんぐん体調がよくなるような「魔法の食べ物」はないと思うほうがいいかもね。

カビの生えたパンは、カビさえとれば食べていい？

信じる！ | 信じない！

うん。もったいないし、カビって、表面についているだけだから、とったら食べていいと思うよ

えっ、どう考えてもよくはないでしょ？おなかをこわすよ！

おじいちゃんは、鏡もちのカビは焼けば平気だって言ってるよ！

えー？　気持ち悪いし、絶対おいしくないよ！「がんを防ぐ12ヶ条」っていうのにも、カビは注意ってあるよ！

そうなの？　でも、チーズだって、わざとカビを生やしたものがあるでしょ！だいじょうぶよ

え？　チーズにカビ？チーズはおいしいけど……。パンのカビはだめだと思うけどな

どうなの？リテラくん！

この問題は、カビが「体に悪いかどうか」、そして「おいしいかどうか」という両面から検証する必要があるね。でも、カビの問題には、もうひとつ、ネットで大きな論争をよんでいる問題もあるよ！

まず カビの様子を見てみよう！

クロカビ

アオカビ

断面

断面

思いのほか、パンの内側まで、カビが入りこんでいるのがわかるね

カビのでき方
空気中には、カビのもとになる胞子が飛んでいる。それが、水分や栄養をふくむ食品や場所につき、ちょうどよい湿度や温度がそろうと、発育して菌糸がのび、カビができる。

うわ！ これはどう見ても危険だよ！ だいじょうぶじゃないし、食べちゃだめでしょ！

でもさ、アオカビとかは、食品に使われるんでしょ？

腐敗と発酵は同じこと？
腐敗も発酵も、カビなどの微生物が食品の栄養分を分解し、別のものに変化させることで起こります。変化した結果、人に害をあたえるものであれば腐敗で、害がなく利用できるものであれば発酵とよびます。つまり、腐敗か発酵かは、人間にとって役に立つのかで決めているだけなのです。

食品の発酵に使われるのは、たくさんあるカビの中から厳選されたもので、慎重に管理されているよ

発酵してできた食品

ゴルゴンゾーラチーズ　　みそ　　かつおぶし

カビは、たんぱく質やでんぷんを分解しておいしさを高めたり、食品内部の水分を出して乾燥させたりするために利用している。

なかには危険なカビも

カビそのものには毒性はありませんが、カビのなかには菌糸が成長する際、体の外に毒性の物質を出す種類があります。毒性があった場合、カビだけを取っても、周りに毒性物質が残ります。加熱などでカビ（胞子や菌糸）が死めつしても、毒性は消えず、なかには発がん性を持つものもあるので、危険なのです。

カビに毒があるのか！そうだ！ ネットで見た「がんを防ぐ12ヶ条」にも、カビのことがあったよ！

```
http://
8.・・・・・・・・・・
9.カビの生えたものに注意
10.・・・・・・・・・・
```

＊以前の「がんを防ぐ12ヶ条」は、世界保健機構（WHO）が作成したものを訳したものだったので、日本人を対象とした調査や研究をもとに見直され、2011年に「がんを防ぐ新12か条」が、がん研究振興財団から出された。

実は、これは古いものなんだ。現在の「新12か条＊」（20ページ参照）には、カビのことは入っていないよ

なぜ「カビ」の条文が消えたのか？

海外（中東やアフリカなど）には、アフラトキシンという強い発がん性のある物質を出すカビがいます。「がんを防ぐ12ヶ条」は、こうした海外の情報をもとに作成されていましたが、日本ではカビの危険性は低いため、「新12か条」として見直しが行われた際に外されました。

＊ただし、輸入された食材から発見されたこともあるので、注意は必要。

え？ じゃあ、日本のカビでは毒性は気にしなくていいってこと？

強い毒性のものはないってことだけど、アオカビの仲間には弱い毒性物質を出すものがあるよ

そうだね。それに、人によってはアレルギーなどの危険もあるし、カビ以外の菌がはん殖している可能性もあるから、さけたほうがいいね

そっか、じゃあ、食べないほうがよさそうだね

風味も落ちるっていうし、わざわざ食べる必要はないよ

カビに関しては、ネット上でもうひとつ、話題になっている問題があるよ

知りたい君は次のページへGO!!

手づくりパンはカビが生えるけど、パン工場のパンはカビが生えにくいという記事がもとなんだ

なんかこわいね……薬づけのパンなんて食べたくないな

じゃあ、本当にカビができないのか、実験してみようよ！

2種類のパンを使って実験！

❶ それぞれのパンを室内で1時間ほど空気にさらす。
❷ パンをふくろに入れ、温度の高い場所に置いて様子を見た。

1週間後

手づくりパン

工場でつくったパン

どちらもカビが生えた！

カビは生えるよ！ ただ、工場ではカビの胞子がパンにつかないように管理された環境でつくっているから、生えにくいということだよ

使える薬は決まっているから、別に薬づけになっているわけじゃないんだね

リテラくんからみんなへ

人によっては、アレルギーの原因にもなるので、ふだんの生活ではカビを生えさせないほうがいいとは言えるね。「カビも生えないのは危険」なだけではなく、「害虫がついていない野菜は危険」、「植物にかけたら枯れた」「こん虫に食べさせたら死んだ」など、薬や化学物質の危険性をあおるネット記事には、うそやねつ造写真が多いことが指摘されているよ。食品の危険性について考えるのは大事なことだけど、記事をうのみにして、よく考えもせずに広げてしまう人が多いことも知っておこう。

知っておきたいネットのこと
あやしい食品広告の見分け方 のコツ

商品広告は、大げさにアピールされているものが多く、それが本当のことなのかどうかの判断が難しい。そこで、どういうところを見ればよいのか、ポイントを紹介します。

この広告を見て、気になるところはないかチェックしてみよう！

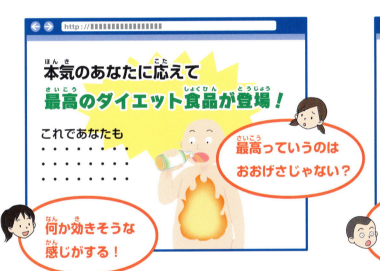

本気のあなたに応えて
最高のダイエット食品が登場！
これであなたも……

- 最高っていうのはおおげさじゃない？
- 何か効きそうな感じがする！

○○を食べればがんが治る！
体験者の声が続ぞく！
あなたも早く体験してください！

- 本当だったらすごいよね！
- でもさ、治るとまで言ってもいいのかな？

必見！
○○病に効くといわれています！

- 効くなら、教えてあげたくなるね！
- なんかあやしい気がするけど

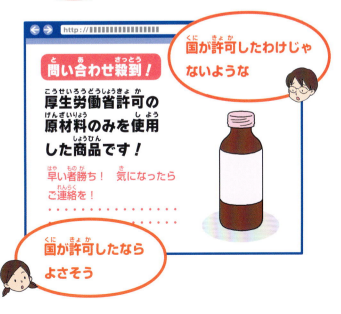

問い合わせ殺到！
厚生労働省許可の原材料のみを使用した商品です！
早い者勝ち！　気になったらご連絡を！

- 国が許可したわけじゃないような
- 国が許可したならよさそう

実はどれも、見た人に誤解させるおそれがあるため、NGとされる表現が使われているんだ

たくさんある食品の中で、「最高」の効果を発揮するものだという証明ができないためNG！
「絶対」「日本一」「抜群」「最強」などの表現も同様。

医師の診断や治りょうが必要な病気なのに、それがなくても治るという誤解をさせてしまうため、NG！

たとえうわさや評判があったとしても、医師の診断や治りょうがなくても治るという誤解をさせてしまうため、NG！

その商品について、厚生労働省から許可を得た商品だと誤解させるためNG！

ほかにもあるよ！ 食品の広告にこんな表現はNG！

食品の広告では、あくまで食品として販売されているものなので、健康に関して著しい効果を期待させたり、医薬品と同じ効果があるように思わせたり、医者にかからなくてもいいような誤解をまねく表現はNGとなる。
NGとされる表現は、個別に判断されることになるが、ほかに次のような例があげられる。

- 便秘でおなやみの方に！
- むし歯になりません！
- 花粉症の方におすすめ！
- 血行を整えてむくみをやわらげる！
- 自然なお通じをうながします！
- ○○の効果があります！
- ○○病気に効く成分を原料としています！ など

＊広告の表現は、医療品医療機器等法（旧薬事法）や健康増進法、景品表示法などの法律で規制されている。

電子レンジで温めたものを食べるとがんになる？

信じる！

電磁波を浴びるとがんになるという話は、ネットにたくさんのっているよ！ 電子レンジから電磁波が出てるってことは、食べ物も危険なんだよ

> 電磁波でがんになる!?
> 電磁波は危険！

どうして？ がんは細胞にできるらしいから、肉や野菜の細胞が電磁波でがんになるんだよ。それを食べちゃダメでしょ！

きっと、がんになりやすい成分が体の中にたまっていくんだと思うよ。

信じない！

たしかに目に見えないものだからこわいけど……。食べ物に電磁波が残るっていうのはどうかな

でも電子レンジって、ほんの数秒とか数分しか使わないよ。そんな簡単にがん細胞ができるの？

「きっと」って、どうなのかな。ほかにも電磁波が出ているものあるじゃん。電子レンジばかり気にしてもね。

どうなの？リテラくん！

「人体に有害だ」という情報は、大切なことだからしっかり受け止めなきゃと思ってしまうよね。それに「安全が疑われることはさけよう」という考え方は大事だ。でも「がんになる」という情報は、なんだか極端な気もするけど、どうかな？

そもそも、電磁波って何？目に見えないし、よくわからないよ

電磁波は電気が流れるところに発生

電磁波は、電気と磁気、両方がえいきょうし合いながら、空間を波となって伝わっていくものです。電気が流れるところに発生し、波長の長さによって、種類がいくつかあります。太陽光（紫外線や赤外線をふくむ）や電子レンジのマイクロ波、テレビの電波なども電磁波の一種です。

電気が流れるところに生まれるもので、電波もそのひとつなんだ

電子レンジの中では、その電磁波がたくさん発生しているんでしょ？

マイクロ波という電磁波が数本、電子レンジの中を反射しながら動いているんだ

電子レンジと電磁波

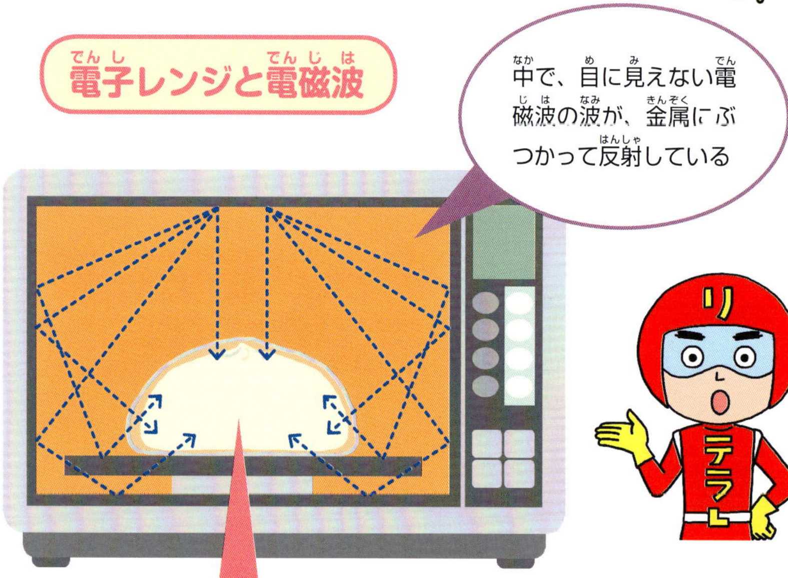

中で、目に見えない電磁波の波が、金属にぶつかって反射している

へー、水の小さなつぶがこすれあって熱が起こってるんだ！

マイクロ波自体は、熱を発生させるので危険といえる。でも、庫内は密閉空間になっていて、マイクロ波がもれないようにつくられているんだ

電磁波によって、食べ物にふくまれる水の分子が振動する。それによって水の分子同士がこすれあって、まさつ熱が発生し、内部から温まる。これは、手をこすると温かくなるのと同じこと。

でも、中で電磁波を大量に浴びた食べ物は危険なんじゃ……？

危険！
電磁波は、低レベルの放射線！
それを浴びた食べ物を食べるとがんになる！

がんになる説とは…

電磁波を受けて

栄養をはかいする

発がん物質ができる

ラップから発がん物質がしみ出す

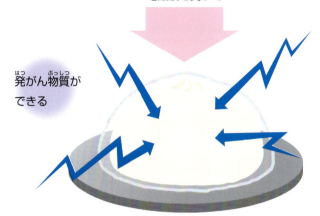

こういう記事を見ると、ちょっと不安にはなるね

でしょ!? 体の中にがんのもとが入って、がんになっちゃうかもしれないよ！

う〜ん、食品の細胞は傷つくかもしれないけど、がんは細胞が長く生き続けたり、分れつしたりする時に発生するから、すぐ食べられる食品の中にできるはずないよ

そっか！電子レンジで温める間にできるわけないね

がん細胞の発生のしかた

たいていは正常に生まれ変わる

異常な細胞が増殖を続けると、その中からがん細胞が生まれることがある。ただ、たいていは、修復されるため、簡単にはならない。

 コピー

何らかの理由で傷ついた細胞

 コピー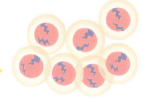

たまに異常なまま生まれ変わる　がん細胞に

そもそも、がんは、自分の細胞ががんになって増殖するものだから、がんそのものを食べたとしても、体内で増えることはないよ

電磁波で加熱した食べ物でがんになるってわけじゃないのね

やっぱり！

電磁波が発生するものは、電子レンジだけじゃないしね

どーゆーこと？次のページへGO!!

家の中にある電磁波

- ドライヤー
- エアコン
- LED電球
- 電子レンジ
- IH調理器
- 冷蔵庫
- テレビ
- こたつ
- ひげそり器

程度の差はあるが、高出力の家電からは、電磁波が結構出ている。

 ほら、見てごらん！

 この現状をどうとらえるかは、その人次第なのね

 これだけ生活にとけこんでいると、気にかけていられないかもね

リテラくんからみんなへ

電磁波は電子レンジだけじゃなく、家電製品などの電気を使うことで発生するもの。そのえいきょうが気にされるようになってからも、電磁波は日常生活にあふれかえっていて、多くの人が大量に浴び続けているのが現状だ。人体へのえいきょうについては、さまざまな研究が今も引き続き行われているが、はっきりした結論は出ていないんだ。危険ではないとはいいきれないけど、それらをさけ続ける生活に変えるべきかは、考えないといけないね。

砂糖をとるのをやめるとキレなくなる？

信じる！ | 信じない！

ネットに、砂糖をとるとキレやすくなるって記事があるよ。だから、やめれば治るってことでしょ？

砂糖＝キレる子ども

ほんとだ、たくさん記事があるね。でも、キレやすい子どもって何？

すぐにおこったり、あばれたりする子どもってことでしょ。落ち着きがないってことだよ。

砂糖をぬいて性格が治るの？　脳の栄養には砂糖が必要、という話もあるから、とったほうがいいような気もするけど

脳にいいとかいうほうがあやしいよ！　砂糖の会社が大げさに言ってるんじゃないかな

えぇー？　でも、砂糖はいろんな食品に入っているわけでしょ？　今ごろダメだっていうのもちがうんじゃない？

どうなの？リテラくん！

キレる子どもが増えたといわれているから、こういう情報は注目されて話題になりやすいよね。体験談もネットで結構見るけど、どうなんだろう。

砂糖をとるのに反対している人の主張を見てみようか

血液の中でこんなことが起こってるの！だから、やめると気持ちが落ち着くとかやる気が出るとか言うんだ！

砂糖反対派の主張する説

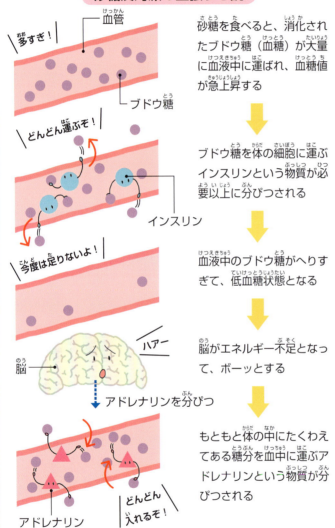

砂糖を食べると、消化されたブドウ糖（血糖）が大量に血液中に運ばれ、血糖値が急上昇する

↓

ブドウ糖を体の細胞に運ぶインスリンという物質が必要以上に分ぴつされる

↓

血液中のブドウ糖がへりすぎて、低血糖状態となる

↓

脳がエネルギー不足となって、ボーッとする

↓

もともと体の中にたくわえてある糖分を血中に運ぶアドレナリンという物質が分ぴつされる

アドレナリンってよく聞くけど、キレるってこわいよ！

たしかに、アドレナリンは「こうげきホルモン」ともいわれるけど、悪いものじゃないし、別に砂糖を食べた時だけに出るわけじゃないよ

アドレナリンとは

アドレナリンは、緊張したり興奮したりしている時のほか、空腹時や運動時など、ふだんからよく出されている物質。アドレナリンは、血糖値だけではなく、血圧や心拍数を上げたり、血管を広げたりする働きがあり、体を活動しやすい状態にする。

すると…

キレやすくなる

そもそも、ここで主張されていること一つひとつはまちがっていないけど、全体で見ると現実的とはいえないね

砂糖を食べるたびに、こうはならないか

キレるにはさまざまな要因がある

アドレナリンが出ることによって興奮状態が生まれるという部分をとって、子どもがキレるのは砂糖のとりすぎとするのは無理があります。そもそも、その子のキレやすいという性質は、砂糖をとるとらないといった食生活だけによるものではなく、さまざまな要因があって生まれるもの。なかでも、家庭や学校などの環境によるものも大きいと考えられます。

あとは、砂糖のとりすぎによるビタミンB₁の消失もいわれているね

これもやっぱり、大げさに言っているの？

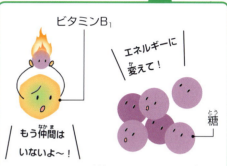

砂糖でビタミンB₁が不足!?

ビタミンB₁は、糖質をエネルギーに変える働きがあり、糖質が多すぎると、ビタミンB₁が足りなくなってしまう。

そうだね。大量にとりすぎたら、こういう害もあるってこと

バランスよく食べていればいいってことか

たとえビタミンB₁が失われたとしても、ぶた肉など、ほかの食材でカバーができるしね

何でもとりすぎたらダメだよね。でもそれが、まったく食べちゃダメってなるのは変だね

リテラくんからみんなへ

砂糖は、体のエネルギーとなるもので、悪い食べ物ではないよ。肥満やむし歯の原因にもなるから、とりすぎるのはよくないというのはわかるけど、砂糖による体の働きの一つを大げさに取り上げて、子どもがキレるのは砂糖のせい、ぬいたら落ち着いたとするのは、言いすぎだろう。キレやすい子どもが増えたといわれているから、こうしたネタは注目をあびやすく、体験談まであると信じてしまいたくなるのかもしれない。でも、ちょっと問題があると、極端に悪いものとされてしまってよいものか、ちゃんと考えなきゃいけない問題だね。

そうなんだよ。何でも大量にとりすぎれば、問題が出てくるのは当たり前だよね。それが「危険」とまでされてしまうのはどうしてなんだろう？

知りたい君は次のページへGO!!

教えて！リテラくん

この食べ物は「危険」って本当にキケン？

砂糖については量の問題だとわかったね

でも、「白砂糖」が危険っていうのはなんで？

白砂糖はカルシウムがふくまれていないので骨をとかす

たしかに、白砂糖は主成分以外をわざわざのぞいているんだから、へっているのも当然あるよ

そっか！

じゃあ、原料に近い黒糖にカルシウムがどのくらいふくまれているのかというと……

たくさんでしょ！

スティックシュガー1本分（3g）で比較するなら

白砂糖 VS 黒糖
カルシウム
0.03mg　7.2mg

たとえば、チーズなら1.1g、しらすぼしなら1.4gでとれちゃう量だよ！それで骨がとけると思うかい？

スライスチーズなら15分の1枚

えー！

たしかに！カルシウムが少ない食品はほかにもたくさんあるもんね

カルシウムは糖分でとらなくてもいいよね

白い食品は栄養がこわされていると考えて、白い悪魔と言っている人がいるんだ

悪魔!?

食べてはいけない!? 白い悪魔

牛乳　小麦粉（グルテン）　白米

＊ほかに、食品添加物をあげるケースもあります。

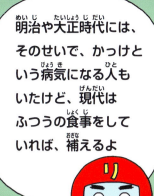

魚をたくさん食べると頭がよくなる？

信じる！ | 信じない！

魚に多くふくまれるDHAが脳にいいってことらしいよ。サプリメントもあるし、本当じゃないかな？

「脳にいい」ってなんのことかわかりづらいし、魚をたくさん食べれば、勉強しなくてもいいとは思えないよ

勉強が身につきやすくなるんだよ！ ネズミの実験でもDHAで学習能力が高まったっていわれていたし……

ネズミ……？
でも、「明らかなちがいなし」って記事も出てるよ。

DHAの実験
ネズミがかしこくなった！とは言えない理由

体にいいことはたしかみたいだけどね

あれ、そういう記事には気づかなかったな……。脳神経の材料になるみたいだから、まちがいないはずなんだけどなー

どうなの？リテラくん！

DHAって、よく聞く言葉だね。頭がよくなるということとあわせて紹介されることが多いけど、実際はどうなのかな。「頭がよくなる」って、どうやって判断するのかもポイントになりそうだね。

「魚を食べると頭がよくなる」って歌にもなっているくらいだから、絶対に頭がよくなるよ!

だから、どういうふうに「頭がよくなる」のかがわからないのよ!

DHAがどういうもので、どんなふうに体にえいきょうするのか、見てみよう!

DHA（ドコサヘキサエン酸）とは

DHAは、脂肪酸（脂肪の主な成分）の一種で、イワシやマグロなどの青魚の油に多くふくまれている。人の脳や目、心臓などをつくるのに欠かせない栄養素だが、体内ではほとんどつくられないため、食事でとる必要がある。青魚のほか、大豆や卵、レバーなどにもふくまれている。

主な魚のDHA （100g当たり）

「日本食品標準成分表 2015年版（七訂）脂肪酸成分表編」(文部科学省)より

- マイワシ（生) 870mg
- アジ（生) 570mg
- ベニサケ（焼き) 600mg
- サンマ（生) 1600mg
- クロマグロ（あぶら身) 3200mg

脳の神経細胞をつくる材料となるDHA

脳は、情報を伝達する神経細胞が無数に集まってできています。神経細胞は、何本も突起が出ていて、この突起を通じて、情報を次つぎと伝達しています。DHAはこの神経細胞にふくまれていて、DHAが多いと、神経細胞の膜がやわらかくなったり、突起が増えたりして、情報がスムーズに伝達されやすくなると考えられています。

神経細胞による情報伝達

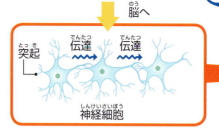

手でふれたり、見たりした情報

脳へ

脳内の神経細胞のあいだで情報を伝達し合う。

伝わってきた情報をすばやく判断して、体を動かしたり記憶として脳内に残したりする。

「頭がよくなる」といわれる理由

きっかけは、1989年にイギリスの研究者が発表した著書で、その中に「日本人の子どものIQが高いのは魚を食べているからではないか」とする内容があって、話題になったといわれています。ラットによる実験も行われ、効果があったとされています。

ラットを用いた実験

Y字型の迷路に、DHAをあたえたラットと、サフラワー油をあたえたラットを置き、エサがあるほうに行く回数を比較した。DHAをあたえたほうが、どちらにエサがあるかを記憶しやすくなり、正解率が高かったという。

ほらあ！やっぱりすごいじゃん!!

それがね、実は、薬学を学ぶ学生で、大がかりな実験が行われたんだけど、記憶力や考察力では結局差が出なかったんだ

人間の脳はネズミとは比べられない

ネズミで結果が出たとしても、人間の脳とは知能レベルがあまりにもちがいすぎて比べられません。人の場合、「頭のよさ」は、遺伝や生活環境、学習環境などほかの要素のほうが、圧倒的に大きな要因になるため、DHAの摂取量が要因となるかどうかを調べること自体が困難です。

人間では効果がわからないんだ！

たとえば、これから脳が発達する乳幼児で長期間実験をすれば、もしかしたら差が出るかもしれないけど、そんな実験はできないよ

魚は大好きだから、一石二鳥だと思っていたのになあ……

がっかりすることはないよ。魚が体にいいことはまちがいないし、別の効果も見つかったんだよ

どーゆーこと？次のページへGO!!

イライラが解消されることは実証された

富山医科薬科大学である実験が行われました。ストレスのかかる状況の中で、DHA入りのカプセルを飲んだ学生と、飲まない学生とに分けて、調査開始時と3か月後にテストを行うというものです。すると、知能的には差が出ませんでしたが、DHAを飲まない学生はかなりピリピリしていたのに対して、飲んだ学生は試験期間中も落ち着いた状態ですごせたという結果が出ました。だれもが当てはまるわけではないかもしれませんが、イライラをおさえる効果はありそうです。

また、脳の神経細胞が減少する認知症では、DHAをとると病気の進行がおそくなるという報告もあります。

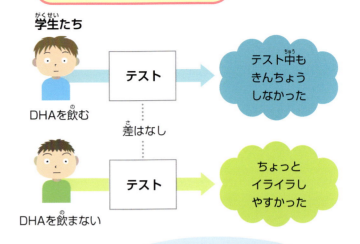

DHAカプセルの実験

学生たち
- DHAを飲む → テスト → テスト中もきんちょうしなかった
- DHAを飲まない → テスト → ちょっとイライラしやすかった

差はなし

イライラしないのはいいね。ママに飲んでほしい。テストの点が悪くてもおこられないかもね！

ブームはさまざまな思わくが重なって生まれることも

「魚を食べると頭がよくなる」が広がった背景には、子どもたちの「魚ばなれ」に対する危機感がえいきょうしていたと考えられます。魚を食べさせたい親としては、「魚を食べなさい」と言いやすくなります。さらに、魚の消費量が落ちこんでいた水産業界にとっても、魚が注目されるチャンスにもなり、販売に力が入ります。「買う側と売る側の思わく」が一致したといえます。
このように、ブームが広がる背景には、それを望むさまざまな要因があるといえます。

子どもに食べさせたい／魚を売りたい／ブームに

魚を食べておけば、おこられても冷静に聞けるかな

リテラくんからみんなへ

毎年何らかの食品や栄養素などが大ブームになって、爆発的に売れることがあるよね。たいていは、「○○が体にいい」という売り文句で火がついて、それをマスコミが一度でも取り上げると、世間の関心は高まり、商売の人も「これだ！」とばかりにとびつく。「たくさん見かける情報は正しい」という心理も働いて、ブームは一気に加速するよ。さらに、だれもが発信者になれるネットでは情報があふれ、商売のために情報をあやつる人も出てくるから、何が正しいのかわからなくなるよね。
それが本当に自分の生活に必要なものなのか、ブームに乗っかる前に考えてみるといいよね。

ショウガで体温を上げると病気にならない？

信じる！

ショウガでポカポカするって、よくママが言っているわ！ なんでも、「がんにならない」とか「めんえき力がアップ」とか

ショウガが体温を上げるというのは常識よ！ それでめんえき細胞がよく働いて、がんをやっつけちゃうんだよ！ ほら見てよ！

> ショウガで体温を上げてがんをよせつけない体に！

ネット以外のテレビや雑誌でもいっぱい言われているんだから、本当だよ……

信じない！

体がポカポカすると、かぜくらいは防げそうな気もするけど、いくらなんでもがんは無理よ！ それにめんえき力って何？

ちょっと待って！「ショウガは体を冷やす」っていう記事もあるよ。

> 生のショウガは体の中心を冷やす！ ご注意！

ポカポカしすぎると、汗をかいて逆に体が冷えちゃうってこともあるんじゃない？

どうなの？リテラくん！

体温が下がると、体を守るめんえき細胞の働きが悪くなるのはたしかみたいだね。冬の寒いころに、かぜをひきやすくなる原因のひとつだよ。でも、「がんなどの病気を防げる」ほど体温が上がるのかは考えどころだね。

まず めんえき細胞を使った実験結果を見てみよう！

めんえき細胞を温めると、めんえき力がどう変わるのかの実験だよ。

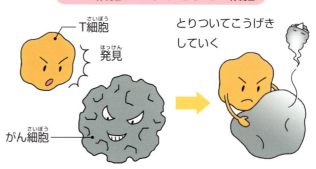

がん細胞をこうげきするT細胞

ウイルスや細菌などの病原体が体内に入ってきた時に、取りのぞこうとする働きをめんえきという。めんえき細胞の一種であるT細胞は、がん細胞を見つけると、とりついてはかいする。

35℃と39℃に温めたT細胞を、がん細胞の入った小皿に入れて12時間置いたところ、39℃に温めたT細胞のほうが、多くのがん細胞をやっつけていた。

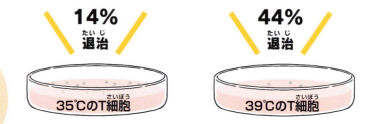

14% 退治　35℃のT細胞
44% 退治　39℃のT細胞

がん細胞と、それをこうげきするめんえき細胞

すごい！ やっぱり温度を上げておけば、病気をやっつけられるってことでしょ？

たしかに、かぜをひいた時に熱が出るのは、めんえき細胞が必死にたたかっている証拠なんだ

体温が上がるとめんえき細胞の働きがアップする

体温が1℃上がると、めんえき細胞の働きが3倍以上になるといわれています。そのため、体に細菌やウイルスが入ると、体は体温を上げて、めんえき細胞を活発にさせ、こうげきする力を高めるようにしているのです。

でも、39℃の体温って、インフルエンザにかかった時くらいだよね！ フラフラでけっこうつらいような気がするけどね

そうだよね。しかも、この実験はあくまでも試験管の中だけの話だからね。現実的には難しいかな

それに、ショウガでそこまで体温が上がるかだよね。やってみようか

ショウガをとったあとの体温変化を調べてみたよ

ショウガを入れたショウガ湯を飲んだ時の体温変化。

飲む前
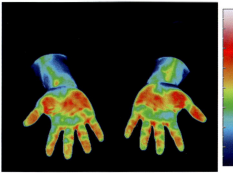

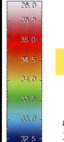
20分後
手が温まった！

飲んだあと
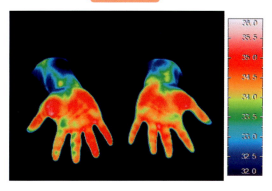

ほらね！ショウガのポカポカ効果がバッチリ表れているよね！

じゃあ、ショウガは病気にも効果があるってこと？

ポカポカ成分の正体は？

ジンゲロールとショウガオールというショウガの成分に、体を温める効果があります。ジンゲロールは、から味成分で生のショウガにふくまれています。ショウガオールは、ショウガを乾燥させたり加熱したりすることで、ジンゲロールの一部が変化してできる成分です。どちらも体を温める働きがありますが、温め方にちがいがあります。

それがね、人にもよるけど、実は1℃上がるかどうかなんだ……

それじゃあ、39℃には届かないね

かぜ予防になるかもくらいに考えるのがいいかな

しかもショウガの使い方次第で効果がぜんぜん得られていない人もいるんだよ

どーゆーこと？次のページへGO!!

生だと体温が上がらない？

温める効果をもたらすショウガの成分は、「生」と「乾燥や加熱したもの」とで変わります。生にふくまれるジンゲロールは、血液の流れをよくして、体の中心にこもった熱を指先や足先まで流れさせる効果があります。このため、体はポカポカしているように感じますが、中心の熱は下がるので体温は上がらず、下がることもあり、漢方だと解熱作用があるとされています。これに対して乾燥や加熱してできるショウガオールは、体の中心の熱を上げて、じんわりと全身を温める効果があるため、体温が上がります。体温を上げたいなら、しっかり加熱するか、乾燥ショウガがいいでしょう。

生のショウガと乾燥ショウガのちがい

生：体の中心の熱を末たんに運び、手や足先を温める。

乾燥：体の中心の熱を上げ、全身を温める。

乾燥ショウガの作り方

スープやショウガ焼きに入れたり、調味料としても活用できるよ

① ショウガを皮ごと1〜2mmに切る。
② 切ったショウガを重ならないようにならべる。
③ 天日干しなら1日、室内干しなら1週間ほどおいて（カビに注意）乾燥させる。
④ できあがり。

ショウガならなんでもいいってことではないのね。体の中心から温めるには、乾燥ショウガだね！

それでも1℃か……

体が冷えがちな人がショウガで体を温めて病気に負けないようにするのはわかるけど、「病気にならない」とまでは言いすぎね

リテラくんからみんなへ

ショウガに限らず、「病気にならない」とか「がんにならない」という食品については、極端な話が多いようだ。ショウガで体温が上がる⇒めんえき力アップ、というのはまちがいじゃないとはいえ、こういう情報がひとり歩きしてしまうことは問題だと思う。しかも、「がんが治る」とまで書くのは、なやんでいる人の不安につけこむ悪例だといえる。体調管理や心の支えにする分にはいいけど、それ以上の期待はしないほうがいいね。

さくいん

あ
悪玉菌 ・・・・・・・・・・ 34、35、36
悪玉コレステロール ・・・・・・ 16、17
アドレナリン ・・・・・・・・・・ 48、49
アレルギー ・・・・・・・・ 27、39、40
インスリン ・・・・・・・・・・・・・・・ 48
オーガニック ・・・・・ 11、12、13、14
オリーブオイル ・・・・ 15、16、17、18
オレイン酸 ・・・・・・・・・・・・ 16、17

か
カゼイン ・・・・・・・・・・・・・・・ 27
かっけ ・・・・・・・・・・・・・・・・ 51
カテキン ・・・・・・・・・・・・・・ 24
家電製品 ・・・・・・・・・・・・・・ 46
カビ ・・・・・・・・・ 37、38、39、40
カルシウム ・・・・・・・・ 16、26、27、
　　　　　　　　　　28、29、30、50
がん ・・・ 7、15、16、19、20、27、
　　　　　　37、39、43、45、57、60
がん細胞 ・・・・・・・ 20、43、45、58
乾燥ショウガ ・・・・・・・・・・・・ 60
がんを防ぐ新12か条 ・・・・・・ 20、39
機能性表示食品 ・・・・・・・・・・・ 24
牛乳 ・・・・・・・・・ 25、26、27、28、
　　　　　　　　　　29、30、31、50、51
牛乳大論争 ・・・・・・・・・・・・・ 29
キラーワーズ ・・・・・・・・・・・・ 31
グルテン ・・・・・・・・・・・・ 50、51
血糖 ・・・・・・・・・・・・・・・・ 48
血糖値 ・・・・・・・・・・・・・・・ 48
健康食品 ・・・・・・・・・・・・・・ 22
玄米 ・・・・・・・・・・・・・・・・ 51
こうげきホルモン ・・・・・・・・・・ 48
国立がんセンター
　（現国立がん研究センター）・・・・・ 20
こげ ・・・・・・・・・・・・・・ 19、20
骨粗しょう症 ・・・・・・・・ 27、28、30
小麦粉 ・・・・・・・・・・・・ 50、51

さ
魚 ・・・・・・・・・・ 53、54、55、56
砂糖 ・・・・・・・・ 47、48、49、50、52
三大栄養素 ・・・・・・・・・・・・・ 26
紫外線 ・・・・・・・・・・・・・・・ 44
脂肪 ・・・・・・・・・・ 21、22、23、
　　　　　　　　　　　24、28、54
脂肪酸 ・・・・・・・・・・・・・・・ 54
ショウガ ・・・・・・・ 57、58、59、60
ショウガオール ・・・・・・・・ 59、60
消費者庁 ・・・・・・・・・・・・・・ 22
食品広告 ・・・・・・・・・・・・・・ 41
白い悪魔 ・・・・・・・・・・・・・・ 50
白砂糖 ・・・・・・・・・・・・・・・ 50
神経細胞 ・・・・・・・・・・・・ 54、56
ジンゲロール ・・・・・・・・・・ 59、60
善玉菌 ・・・・・・・・・・ 34、35、36

た
ダイエット ・・・・・・・ 15、16、17、18
体脂肪 ・・・・・・・・・ 21、22、23、24
食べ合わせ ・・・・・・・・・ 7、8、9、10
たんぱく質 ・・・・・・ 13、20、26、27、
　　　　　　　　　　　38、51
地中海式ダイエット ・・・・・・・ 15、17
中性脂肪 ・・・・・・・・・・・・ 18、28
腸内細菌 ・・・・・・・・・・・・ 34、35
伝言ゲーム ・・・・・・・・・・・・・ 31
電磁波 ・・・・・・・・・ 43、44、45、46
電子レンジ ・・・・・・・ 43、44、45、46
電波 ・・・・・・・・・・・・・・・・ 44
でんぷん ・・・・・・・・・・・・ 38、51
動脈硬化 ・・・・・・・・・・・・・・ 17
特定保健用食品 ・・・・・・・・・ 21、22
トクホ ・・・・・・・・・ 21、22、23、24
ドコサヘキサエン酸（DHA）・・・・・・ 54

な
流しこみ食べ ・・・・・・・・・・ 30、31

に
乳酸菌 ・・・・・・・・・・ 33、34、35、36
乳糖不耐症 ・・・・・・・・・・・・・ 28
脳 ・・・・・・・・・・ 14、47、48、53、
　　　　　　　　　　　54、55、56
農薬 ・・・・・・・・・・・・・・ 11、12

は
白米 ・・・・・・・・・・・・・・ 50、51
発がん物質 ・・・・ 9、10、19、20、45
発酵 ・・・・・・・・・・・・・・・・ 38
ビタミンB₁ ・・・・・・・・・・・ 49、51
肥満 ・・・・・・・・・・・・ 16、18、49
病原体 ・・・・・・・・・・・・・・・ 58
ブーム ・・・・・・・・・・・・・・・ 56
ブドウ糖 ・・・・・・・・・・・・・・ 48
腐敗 ・・・・・・・・・・・・・・・・ 38
飽和脂肪酸 ・・・・・・・・・・・・・ 28

ま
マイクロ波 ・・・・・・・・・・・・・ 44
ミネラル ・・・・・・・・・・ 16、26、27
むし歯 ・・・・・・・・・・・・・・・ 49
無農薬栽培 ・・・・・・・・・・・・・ 12
めんえき ・・・・・・・・・・・・・・ 58
めんえき細胞 ・・・・・・・・・・ 57、58
めんえき力 ・・・・・・・・・・・ 35、60

や
焼きヨーグルト ・・・・・・・・・ 33、36
有機栽培 ・・・・・・・・ 11、12、13、14
有機農産物 ・・・・・・・・・・・・・ 12
ヨーグルト ・・・・・・・・ 33、34、36

ら
リテラシー ・・・・・・・・・・・・・ 5

A～Z
DHA ・・・・・・・・・・ 53、54、55、56
JASマーク ・・・・・・・・・・・・・ 12
T細胞 ・・・・・・・・・・・・・・・ 58

おわりに

北折 一

ぼくは
本当だと思う！
だって…

わたしは
正しくない情報
だと思うわ！

この本では、「信じる」子と「信じない」子が会話をしてるでしょ。
それが一番大事なことです。なぜならば、ネットは
「自分ひとりで見ることがとっても多い」から。

"ネット情報は、書いてあることを そのまま受け取るのではなく、 だれかと話して、「ホントなのかなー？」と 考えてみることが大事なのです"

本の中で何度も出てきたとおり、ネット情報の中には、
「正しいことを知ってほしい」という目的ではなく
発信されているものもたくさんあります。むしろ、正しくない
情報のほうが多いのかもしれません。情報をつかむのが
簡単になった現代だからこそ、「ホントなのかなー？」といったん
立ち止まって考えることを大切にしてください。それには、
自分ひとりの考えだけじゃないほうがいいに決まっているのです。

だからこそ‼　です。この本の一番かしこい使い方を、今からお教えしましょう。
それは、ただ読んで、「へえ〜、そうなんだ」と思うことではないのです。

"「ホントなのかなー」と思いながら、この本にのっているたくさんの項目や言葉をネットで検索してみてください。

２つか３つ拾い読みするのではなく、「ちがうことを書いてあるのはないのかなー」と探してみてください。そして、

家族や友達と、「ねえねえ、どう思う？」と、話してみてください。その会話こそが、あなたの脳をどんどんきたえてくれることになるのです。

ふむふむ

【あとがき：おとなの皆さまへ】

　情報は変わります。新しい事実が突きとめられて変わることもあれば、単に人々の受け取り方が変わることで、流される情報の内容や質が変わることもあります。そのペースは、SNSの普及に伴って、ますます加速する一方です。
　たとえば「牛乳有害説」は、以前はNHK「ためしてガッテン」に出演されたタレントさんなどからも、「友人のブログで見たけど、飲ませないほうがいいのよね？」という質問を受けたりしていましたが、最近ではタレントさんがテレビでそんな発言をすると、「いまだに有害説？」という反応がたくさんネットに出回ります。ちなみに、「学校給食から牛乳を廃止」がネットで大きな話題になった地方都市では、「牛乳からの栄養の摂取が必要なので、別の時間に牛乳を提供」していますが、いまも「廃止した」という情報だけの記事も多く見受けられます。
　近年、SNSが単に趣味や雑談のコミュニティではなく、「いいね」の数をかせぎたいという欲求やそれを利用したビジネスに使われるようになり、いいかげんな情報に触れる機会はおどろくほどの勢いで増しています。
　そんな中でやむをえず必要となってしまった「リテラシー」について、子どもたちになるべく抵抗なく受け取ってもらいたいと願って書きました。子ども向けなので、という理由もありますが、もともと「リテラシー」自体が終わりのない性質のものですので、入口程度にしか書けてはいません。その分、ぜひ本書をきっかけにして子どもたちとの会話を大切にしていただきたいと願っています。「正しいか正しくないか」だけではなく、「人々を幸せにしてくれる情報かどうか」の視点が大事にされれば、世の中の情報も少しはよくなるのではないか、そんな思いも受け取っていただけると幸いです。

著者 サイエンスライター
北折 一（きたおり はじめ）

1964年愛知県生まれ。元NHK科学・環境番組部専任ディレクター、「ためしてガッテン」演出担当デスク。小中学生の3人の子どもがいる。

1987年NHKに入局後、静岡放送局などを経て、科学バラエティ番組「ためしてガッテン」の立ち上げに参加し、18年間にわたって同番組の制作を続ける。2000年にマスコミ界初の「消費生活アドバイザー（経済産業大臣認定）」資格取得。2013年にNHKを退職し、現在は、おもに健康教育の分野で「人々のよりよい生活のお手伝い」をめざして、「健康情報の読み解き方・伝え方」「生活習慣病予防のダイエット」などの講演を行うほか、執筆活動も。自らの減量経験をもとに出したダイエット本が話題になる。

著書に、『最新版・死なないぞダイエット』『やせるスイッチ　太るスイッチ』（KADOKAWA）、『食育！ビックリ大図典』（東山書房）、『死なない！生きかた　～学校じゃあ教えちゃくれない予防医療～』（東京書籍）ほか多数。

（ホームページ　http://www.kitaori.jp/Top.html）

写真提供・協力

13ページデータ／比較：「有機農産物栄養成分分析表」（今治市有機農業推進協議会）
21-24ページ取材協力／特定保健用食品について：国立健康・栄養研究所 情報センター センター長・梅垣敬三先生
34ページ写真／乳酸菌：石川県立大学生物資源工学研究所応用微生物学研究室教授・山本憲二先生
58ページ写真／がん細胞を攻撃する細胞傷害性T細胞：アクティクリニック名誉院長、東京慈恵会医科大学名誉教授・大野典也先生
59ページサーモグラフィ／ショウガをとったあとの体温変化：日本アビオニクス株式会社

校正　石井理抄子・古川妹
撮影　後藤祐也
編集　松尾由紀子
編集長　野本雅央

ネットで見たけど これってホント？
② 食のメディアリテラシー

2016年10月20日　初版第1刷発行
2020年 8月20日　初版第4刷発行

著 者　北折 一
制 作　ニシ工芸株式会社
編 集　ニシ工芸株式会社（高瀬和也・佐々木裕）
　　　　　田口純子・深山史子
イラスト　松本奈緒美
装丁・本文デザイン・DTP　ニシ工芸株式会社（小林友利香）
発行人　松本 恒
発行所　株式会社少年写真新聞社
　　　　　〒102-8232 東京都千代田区九段南4-7-16
　　　　　市ヶ谷KTビルI
　　　　　TEL　03-3264-2624
　　　　　FAX　03-5276-7785
　　　　　URL　https：// www.schoolpress.co.jp
印刷所　大日本印刷株式会社

© Hajime Kitaori 2016 Printed in Japan
ISBN978-4-87981-578-1　C8636　NDC374

本書を無断で複写、複製、転載、デジタルデータ化することを禁じます。
乱丁・落丁本はお取り替えいたします。定価はカバーに表示してあります。